Die Kommunal-Verwaltung Nr. 4.

Hannoversche Städte-Ordnung

vom 24. Juni 1858

mit den
aus dem Zuständigkeitsgesetze, dem Landesverwaltungsgesetze
und der Hannoverschen Kreisordnung sich ergebenden Aenderungen u. Zusätzen.

Zusammengestellt von
H. Steffenhagen,
Beigeordneter.

Dritte Auflage.

Berlin 1887.
J. J. Heines Verlag.

Hannoversche
Städte-Ordnung
vom 24. Juni 1858

mit den
aus dem Zuständigkeitsgesetze, dem Landes-
verwaltungsgesetze
und der Hannoverschen Kreisordnung sich
ergebenden Aenderungen u. Zusätzen.

Zusammengestellt von
K. Steffenhagen,
Beigeordneter.

Dritte Auflage.

Berlin.
J. J. Heines Verlag.
1887.

Vorwort.

Die §§ 7—21 des am 1. Juli cr. für Hannover in Kraft getretenen Zuständigkeitsgesetzes vom 1. August 1883, sowie die §§ 27 und 30 der Kreisordnung für die Provinz Hannover vom 6. Mai 1884 haben 35 Paragraphen der Hannoverschen Städteordnung vom 24. Juni 1858 in wesentlichen Bestimmungen abgeändert. Es entspricht deshalb einem praktischen Bedürfnisse, eine Text-Ausgabe jener Städteordnung mit den hervorgetretenen Aenderungen herzustellen. Einem solchen Bedürfnisse ist Rechnung getragen durch die vorliegende Ausgabe, in welcher es übersichtlich gemacht ist, welche Paragraphen der Städteordnung und in wieweit dieselben Aenderungen und Zusätze erhalten haben. Diese Aenderungen und Zusätze sind nämlich gesperrt gedruckt, und ist den gesperrten Worten in jedem Falle der betreffende abändernde Paragraph des Zuständigkeitsgesetzes (abgekürzt: Zust.-G.) resp. der Kreisordnung in Klammer beigefügt, während die durch jene Gesetze beseitigten Textesworte fortgelassen sind.

Ich schließe mit dem Wunsche, daß die vorliegende Ausgabe in der Provinz Hannover eine ebenso wohlwollende Aufnahme finden möge, wie die von mir im Juni 1884 in gleicher Weise bearbeitete Städteordnung der 6 östlichen Provinzen Preußens in den dortigen Kreisen der städtischen Gemeindebehörden.

Demmin, den 1. August 1885.

H. Steffenhagen,
Beigeordneter.

I. Allgemeine Bestimmungen.

§ 1.

Die Städteordnung regelt die städtische Verfassung; die kirchlichen und Schulverhältnisse werden durch dieselbe nicht berührt.

Neben der Städteordnung bestehen Ortsstatuten.

§ 2.

Das Ortsstatut regelt die Gegenstände, über welche die Städteordnung besondere Bestimmung offen läßt.

Dasselbe darf der Städteordnung nicht widersprechen.

§ 3.

Das Ortsstatut bedarf der Genehmigung des Bezirksausschusses (Zust.-G. § 16 Abs. 3).

§ 4.

Die Städteordnung findet Anwendung auf die Städte und Flecken, welchen die selbstständige

Verwaltung der Landesangelegenheiten zusteht, insofern sie die dafür erforderlichen Bedingungen erfüllen können, und kann unter gleicher Voraussetzung auf die bisher amtssässigen Städte, welche mehr als 1500 Einwohner haben, ausgedehnt werden.

Die Städte und Flecken, welche die erforderlichen Bedingungen nicht erfüllen können, erhalten die Landgemeindeverfassung unter den bei Regelung der Verhältnisse der Landgemeinden für sie zu treffenden besonderen Bestimmungen.

Auch Vorstädten, welche mehr als 1500 Einwohner haben, kann, wenn deren Vereinigung mit der Stadt nicht ausführbar ist, auf ihren Antrag die Behandlung nach der Städteordnung gewährt werden.

Der Uebergang einer mit städtischer Verfassung versehenen Stadt zur Landgemeindeverfassung, oder einer Landgemeinde zur städtischen Verfassung kann fortan nur unter Genehmigung des Königs geschehen.

Der Ausdruck „Stadt" begreift in diesem Gesetze alle Gemeinden, auf welche die Städteordnung Anwendung findet.

§ 5.

Jede Stadt wird durch einen Magistrat verwaltet und durch diesen, sowie durch Bürgervorsteher vertreten.

Der Magistrat ist unmittelbar dem Regierungspräsidenten (Zust.-G. § 7) untergeben.

Die Aufsicht des Staates über die Verwaltung der städtischen Gemeindeangelegenheiten wird in erster Instanz von dem Regierungspräsidenten, in höherer und letzter Instanz vom dem Oberpräsidenten geübt, unbeschadet der in den Gesetzen geordneten Mitwirkung des Bezirks-Ausschusses und des Provinzialrathes.

Beschwerden bei den Aufsichtsbehörden in städtischen Gemeindeangelegenheiten sind in allen Instanzen innerhalb zwei Wochen anzubringen (Zust.-G. § 7).

Der Bezirksausschuß beschließt jedoch an Stelle der Aufsichtsbehörde:

1) über die Art der gerichtlichen Zwangsvollstreckung wegen Geldforderungen gegen Stadtgemeinden (§ 15 zu 4 des Einführungsgesetzes zur deutschen Civilprozeßordnung vom 30. Januar 1877, Reichsgesetzbl. S. 244);
2) über die Feststellung und den Ersatz der Defecte der Gemeindebeamten nach Maßgabe der Verordnung vom 24. Januar 1844 (Gesetz-Samml. S. 52); der Beschluß ist vorbehaltlich des ordentlichen Rechtsweges entgültig. (Zust.-G. § 17 sub 4 und 5).

§ 6.

Die durch die Städteordnung vom 1. Mai 1851 abgestellten Befugnisse der Guts- oder Gerichtsherrschaften bei der Wahl der Gemeindebeamten, sowie überhaupt bei der öffentlichen Verwaltung bleiben aufgehoben.

§ 7.

Imgleichen behält es bei der durch die Städteordnung vom 1. Mai 1851 verfügten Aufhebung der Theilnahme landesherrlicher Beamten (Stadtcommissaire, Stadtvoigte) an der öffentlichen Verwaltung in den Städten, auf welche die Städteordnung Anwendung findet, das Verbleiben.

II. Von der Stadtgemeinde.

1) Umfang und Bestandtheile.

§ 8.

Die städtische Verwaltung erstreckt sich auch auf den Gemeindebezirk außerhalb der Stadt (äußeres Stadtgebiet).

Die Grenze des Gemeindebezirks umfaßt in der Regel die Feldmark der Stadt. Aus besonderen Gründen kann indeß nach vorgängiger

Verhandlung mit den Betheiligten eine andere Grenzbestimmung durch Beschluß des Bezirksausschusses (Zust.-G. § 8 Abs. 1) erfolgen.

Der Bezirksausschuß beschließt über die in Folge einer Veränderung der Grenzen des Stadtbezirks nothwendig werdende Auseinandersetzung zwischen den betheiligten Gemeinden, vorbehaltlich der den Letzteren gegen einander zustehenden Klage im Verwaltungsstreitverfahren (Zust.-G. § 8 Abs. 2).

Streitigkeiten über die bestehenden Grenzen der Stadtbezirke unterliegen der Entscheidung im Verwaltungsstreitverfahren (Zust.-G. § 9 Abs. 1).

Ueber die Festsetzung streitiger Grenzen beschließt vorläufig, sofern es das öffentliche Interesse erheischt, der Bezirksausschuß. Bei dem Beschlusse behält es bis zur rechtskräftigen Entscheidung im Verwaltungsstreitverfahren sein Bewenden (Zust.-G. § 9 Abs. 2).

§ 9.

Steht das äußere Stadtgebiet im Zusammenhange mit der Stadt, so muß dasselbe auch, wenn es bisher getrennt war, mit der Stadtgemeinde vereinigt werden.

Die Regelung der Verhältnisse der Bewohner des äußeren Stadtgebiets jeder Stadt, sowohl in Beziehung auf die Rechte als die Pflichten, bleibt dem Ortsstatute vorbehalten.

§ 10.

Ueber die Zulegung der im Stadtgebiete belegenen, bisher der Stadt nicht angehörigen Grundstücke zum städtischen Gemeindeverbande beschließt der Bezirksausschuß (Zust.-G. § 8 Abs. 1).

Der Bezirksausschuß beschließt über die in Folge einer Veränderung der Grenzen der Stadtbezirke nothwendig werdende Auseinandersetzung zwischen den betheiligten Gemeinden, vorbehaltlich der den letzteren gegen einander zustehenden Klage im Verwaltungsstreitverfahren (Zust.-G. § 8 Abs. 2).

§ 11.

Die Vereinigung von benachbarten Gemeinden, namentlich von Vorstädten, mit der Stadt darf, außer dem Falle der Vereinbarung, nur unter Zustimmung der Provinzial-Landschaft verfügt werden.

Der Bezirksausschuß beschließt über die in Folge einer Veränderung der Grenzen der Stadtbezirke nothwendig werdende Auseinandersetzung zwischen den betheiligten Gemeinden, vorbehaltlich der den letzteren gegen einander zustehenden Klage im Verwaltungsstreitverfahren (Zust.-G. § 8 Abs. 2).

§ 12.

Die wohnberechtigten Bewohner des Stadtgebiets bilden die Stadtgemeinde.

Die Mitglieder der Stadtgemeinde sind entweder Bürger oder Einwohner.

Ueber die verschiedenen Klassen von Gemeindegliedern hat der Magistrat Rollen anzulegen und diese stets in Ordnung zu halten.

Die Gemeindevertretung (Bürgervorsteher-Kollegium) beschließt auf Beschwerden und Einsprüche, betreffend die Zugehörigkeit zu einer bestimmten Bürgerklasse (Zust.-G. § 10 sub 1). — cfr. § 97 der Städteordnung.

§ 13.

Jedes Mitglied der Stadtgemeinde übernimmt durch den Eintritt in dieselbe die Pflicht, zu den städtischen Lasten, ohne Unterschied, ob solche vor oder nach dem Eintritte entstanden sind, beizutragen, vorbehaltlich der durch das Verfassungsgesetz vom 5. September 1848 begründeten Ausnahmen.

Personen, welche in der Gemeinde Grundeigenthum haben, aber nicht in derselben wohnen, nehmen nur an den dem Grundeigenthume auferlegten Leistungen Theil.

Gebäude und Grundstücke, die unmittelbar zu Zwecken des Staates, der Kirche und Schule dienen, können, sofern sie nicht bereits vor dem Verfassungsgesetze vom 5. September 1848 pflichtig waren, zu Gemeindeabgaben nicht herangezogen werden. Sind Wohnungen in solchen Gebäuden, so unterliegen sie der Gemeindebesteuerung nach Maßgabe der Wohnräume.

Zeitweilige Befreiungen von den Gemeindeabgaben für neuerbaute Grundstücke bleiben ferner zulässig.

§ 14.

Fremde können nach sechsmonatlichem Aufenthalte im Stadtgebiete, gleich den wohnberechtigten Bewohnern, zu den persönlichen Gemeindelasten herangezogen werden. Ausgenommen davon bleiben jedoch:

die im Dienste befindlichen und vermöge desselben im Stadtgebiete sich aufhaltenden Militairpersonen;

Ausländer, denen eine solche Befreiung durch Staatsverträge zugesichert ist;

diejenigen, welche sich zum Besuche einer Unterrichtsanstalt, oder als Lehrlinge im Stadtgebiete aufhalten;

sowie in der Regel diejenigen, welche in Kost und Lohn eines Anderen stehen.

Das Nähere bleibt statutarischer Bestimmung vorbehalten.

§ 15.

Die Mitglieder der Stadtgemeinde können zur Leistung von Diensten in dringenden Fällen herangezogen werden.

Das Nähere bleibt statutarischer Bestimmung vorbehalten.

Zu den Diensten, welche den Besitz des Bürgerrechts voraussetzen, oder mit Berechtigung zu Gemeindenutzungen zusammenhängen, sind nur Bürger und beziehungsweise die Berechtigten verpflichtet.

§ 16.

Das Gesetz vom 5. Juli 1856, betreffend die Heranziehung der Geistlichen und Lehrer zu Staats- und Gemeindelasten, wird durch die vorstehenden Bestimmungen nicht geändert.

§ 17.

Sämmtliche Mitglieder der Stadtgemeinde, alle diejenigen, welche in dem Stadtbezirke sich aufhalten, und die Grundbesitzer rücksichtlich des im Stadtgebiete belegenen Grundeigenthums sind der obrigkeitlichen Gewalt des Magistrats unterworfen.

§ 18.

Der Magistrat verfügt im Verwaltungswege die Beitreibung der Gemeindeabgaben und der durch versäumte Dienstleistung entstandenen Kosten.

Die Rollen wegen der Gemeindeabgaben sind, bevor sie vollstreckbar erklärt werden, während einer bekannt zu machenden Frist zur Einsicht offen zu legen.

2) Bürgerrecht.

§ 19.

Nur die Bürger nehmen nach näherer Bestimmung der §§ 83, 84 und 85 an den Gemeindewahlen Theil.

Die Gemeindevertretung (Bürgervorsteher-Kollegium) beschließt auf Beschwerden und Einsprüche, betreffend den Besitz oder den Verlust des Rechts zur Theilnahme an den Wahlen zur Gemeindevertretung (Zust.-G. § 10 sub 1). — cfr. 97 der Städteordnung.

§ 20.

In jeder Stadt giebt es nur einerlei Bürgerrecht.

Unterschiede hinsichtlich der Theilnahme an den Gemeindenutzungen werden jedoch nicht aufgehoben.

Die Gemeindevertretung (Bürgervorsteher-Kollegium) beschließt auf Beschwerden und Einsprüche, betreffend den Besitz des Bürgerrechts (Zust.-G. § 10 sub 1). — cfr. § 97 der Städteordnung.

§ 21.

Das Bürgerrecht wird durch Verleihung erworben (vergl. § 97).

Die Gemeindevertretung (Bürgervorsteher-Kollegium) beschließt auf Beschwerden und Einsprüche, betreffend die Verpflichtung zum Erwerbe oder zur Verleihung des Bürgerrechts (Zust.-G. § 10 sub 1). — cfr. § 97 der Städteordnung.

Einer ausdrücklichen Verleihung bedarf es jedoch nicht für die Magistratsmitglieder und diejenigen Angestellten der Stadt, welche nach Nr. 1 des folgenden Paragraphen vermöge ihrer Anstellung zum Bürgerrechtserwerb verpflichtet sind.

§ 22.

Verbunden zum Erwerbe der Bürgerrechts sind:

1) für ihre Person, sofern sie im Stadtgebiete wohnen, die Mitglieder des Magistrats, sowie die im Dienste der Stadt dauernd und ohne Vorbehalt der Kündigung Angestellten;
2) diejenigen, welche innerhalb des Stadtbezirks ein Wohnhaus eigenthümlich erwerben, vor-

behaltlich näherer Bestimmung des Ortsstatuts über eine Beschränkung auf den Erwerb von Wohnhäusern zu einem bestimmten Werthe, sowie über eine Ausdehnung auf den Erwerb von sonstigen bürgerlichen Grundstücken;

oder

behufs der selbstständigen Ausübung einer Kunst, einer Wissenschaft oder eines bürgerlichen Gewerbes sich dauernd niederlassen, oder ein stehendes bürgerliches Gewerbe dort betreiben wollen.

In den Ortsstatuten sind die Gewerbe zu bestimmen, welche zu den bürgerlichen nicht zu zählen sind.

Die Verpflichtung zum Erwerbe des Bürgerrechts tritt unter den vorstehenden gesetzlichen Voraussetzungen auch für Frauenzimmer ein. Diese sind jedoch nur zu denjenigen den Bürgern obliegenden persönlichen Leistungen verpflichtet (§ 15), welche durch Stellvertreter verrichtet werden können.

§ 23.

Die hinsichtlich einzelner Häuser vor Einführung der Städteordnung vom 1. Mai 1851 bestehenden Befreiungen von der Verpflichtung zum Erwerbe des Bürgerrechts bleiben aufgehoben, vorbehaltlich der durch § 14 des Verfassungsgesetzes vom 5. September 1848 begründeten Ausnahmen.

§ 24.

Der Erwerber eines Wohnhauses ist nur dann zum Gewinne des Bürgerrechts verbunden, wenn er seinen Wohnsitz in dem Stadtbezirke nehmen will. Es kann jedoch im Ortsstatute bestimmt werden, daß auch auswärtige Besitzer eines Wohnhauses das Bürgerrecht gewinnen müssen.

Oeffentliche Verwaltungen und juristische Personen sind zur Gewinnung des Bürgerrechts nicht verbunden (vergl. jedoch § 25).

Die in einzelnen städtischen Particularrechten sich findende Bestimmung, wonach die Fähigkeit zum Erwerbe von Grundstücken im Stadtbezirke durch den Besitz des Bürgerrechts bedingt ist, wird hinsichtlich der vorbenannten Personen aufgehoben.

§ 25.

Gelangen Mehrere zum ungetheilten Besitze eines Wohnhauses, so ist nur Einer das Bürgerrecht zu gewinnen verbunden.

Mehrere Theilnehmer einer Handlung oder eines Gewerbsunternehmens, welches in der Stadt betrieben werden soll, müssen, wenn sie in der Stadt wohnen, sämmtlich Bürger werden.

Für gewerbliche Gesellschaften, welchen juristische Persönlichkeit zusteht, ist der zu bestellende verantwortliche Geschäfts- oder Werkführer zur Gewinnung des Bürgerrechts verpflichtet.

§ 26.

Berechtigt zum Erwerbe des Bürgerrechts sind alle in der Stadt wohnberechtigten Einwohner, sofern sie von unbescholtenem Wandel sind.

Anm. Der fernere Zusatz dieses Paragraphen: „Personen, denen das Wohnrecht in der Stadt nicht zusteht, haben außerdem nachzuweisen, daß sie nach aller Wahrscheinlichkeit ihren Unterhalt in der Stadt nachhaltig finden können", ist in Folge des Reichsgesetzes über die Freizügigkeit vom 1. November 1867 § 1 resp. § 4 obsolet geworden.

§ 27.

Aus der Verpflichtung zum Erwerbe des Bürgerrechts allein kann ein Recht auf dessen Ertheilung nicht abgeleitet werden.

§ 28.

Für die Gewinnung des Bürgerrechts ist eine durch das Ortsstatut näher zu bestimmende Gebühr in die Stadtkasse zu entrichten.

Die Gemeindevertretung (Bürgervorsteher-Kollegium) beschließt auf Beschwerden und Einsprüche, betreffend die Verpflichtung zur Zahlung von Bürgergewinngeldern (Zust.-G. § 10 sub 1). — cfr. § 97 der Städteordnung.

Die Königlichen Diener, mit Ausnahme der Militairpersonen, sowie sämmtliche Kirchen- und Schuldiener sind zur unentgeltlichen Erwerbung des Bürgerrechts berechtigt, sofern sie im Stadtbezirke wohnen und dauernd und ohne Vorbehalt der Kündigung angestellt sind. Wenn sie jedoch aus einem der im § 22 genannten Gründe zum Erwerbe des Bürgerrechts verpflichtet sind, oder später in ein Verhältniß, welches sie dazu verpflichtet, eintreten, oder an Gemeindenutzungen Theil nehmen wollen, so haben sie das Bürgergewinngeld zu entrichten.

In den Ortsstatuten kann für gewisse, in demselben näher zu bestimmende Fälle, namentlich auch für die von der Stadt Angestellten, ein ermäßigtes Bürgergewinngeld, oder die gänzliche Freilassung von demselben vorgeschrieben werden.

Anm. zu § 28. Dieser Paragraph ist theilweise modificirt durch den § 13 der Reichs-Gewerbeordnung vom 21. Juni 1869 — 1. Juli 1883, welcher lautet:

Von dem Besitze des Bürgerrechts soll die Zulassung zum Gewerbebetriebe in keiner Gemeinde und bei keinem Gewerbe abhängig sein.

Nach dem begonnenen Gewerbebetriebe ist, soweit dies in der bestehenden Gemeindeverfassung begründet ist, der Gewerbetreibende auf Verlangen der Gemeindebehörde nach Ablauf von drei Jahren verpflichtet, das Bürgerrecht zu erwerben. Es darf jedoch in diesem Falle von ihm das sonst vorgeschriebene oder übliche Bürgerrechtsgeld nicht erfordert und ebenso nicht verlangt werden, daß er sein anderweit erworbenes Bürgerrecht aufgebe.

§ 29.

Den in der Stadt wohnenden dermaligen Besitzern früher exemter Gebäude (§ 23), sowie der sonst anzuschließenden Wohnhäuser ist das Bürgerrecht unentgeltlich zu verleihen, insofern sie bereits vor Verkündigung des Verfassungsgesetzes vom 5. September 1848 in dem Besitze waren.

Das Recht zur Theilnahme an Gemeindenutzungen können sie jedoch nur gegen Erlegung des Bürgergewinngeldes erlangen.

Desgleichen erwerben die am 1. October 1852 in der Stadt bereits wohnenden und nach diesem Gesetze zum Erwerbe des Bürgerrechts berechtigten und zugleich verpflichteten Personen (§§ 22 und 26) das Bürgerrecht für ihre Person unentgeltlich. Wollen sie jedoch ein nur den Bürgern oder einzelnen Klassen der Bürgerschaft zustehendes Gewerbe betreiben, oder ein Wohnhaus eigenthümlich erwerben, oder an Gemeindenutzungen Theil nehmen, so haben sie das Bürgergewinngeld nach Absatz der etwa für das Einwohnerrecht bereits gezahlten Gebühr zu entrichten.

§ 30.

Alle Bürger ohne Ausnahme haben vor dem Magistrat persönlich, oder, im Falle der Abwesenheit, durch einen öffentlich beglaubigten schriftlichen Revers, den Bürgereid dahin zu leisten, daß sie die ihnen nach den Gesetzen und der

Stadtverfassung obliegenden Pflichten als Bürger gewissenhaft erfüllen und den vorgesetzten Behörden, namentlich dem Magistrate, Gehorsam leisten wollen.

Die Gemeindevertretung (Bürgervorsteher-Kollegium) beschließt auf Beschwerden und Einsprüche, betreffend die Verpflichtung zur Leistung des Bürgereides (Zust.-G. § 10, sub 1). — cfr. § 97 der Städteordnung.

Vor dem Bürgereide ist der Huldigungseid zu leisten.

Für die Angestellten im Dienste der Stadt ist der Bürgereid im Diensteide enthalten.

Frauenzimmer, welche das Bürgerrecht erwerben, sind zur Ableistung dieser Eide nicht verbunden, haben jedoch die treue Erfüllung der ihnen obliegenden Bürgerpflichten anzuloben.

§ 31.

Jeder Bürger ist verbunden, städtische Ehrenämter, wozu er durch Wahl berufen wird, zu übernehmen. Ausgenommen sind:

1) Königliche Civil- und Hofdiener,
2) Militairpersonen im Dienste,
3) Geistliche und Schullehrer,
4) Aerzte, Wundärzte und Apotheker,
5) Bürger über 60 Jahr alt,

und

6) Personen, welche durch Gebrechlichkeit oder Krankheit verhindert sind.

Bürger, welche nach Annahme der Wahl in eins der unter 1 bis 3 erwähnten Dienstverhältnisse treten, sind zur Niederlegung des Amts verpflichtet, jedoch wieder wählbar.

Die unter 4 bis 6 benannten Personen sind, wenn die zur Ablehnung der Wahl berechtigenden Gründe nach deren Annahme eintreten, zur Niederlegung des Amts berechtigt.

§ 32.

Das Bürgerrecht wird verloren:

durch Wegzug aus dem Stadtgebiete, insofern eine Ansässigkeit nicht fortdauert

und

durch Verzicht.

Dieser ist jedoch nur zulässig, wenn eine Verpflichtung zum Erwerbe des Bürgerrechts nicht vorliegt.

Die bürgerlichen Ehrenrechte werden außerdem durch Verbrechen nach näherer Bestimmung des § 83 verloren.

Die Gemeindevertretung (Bürgervorsteher-Kollegium) beschließt auf Beschwerden und Einsprüche, betreffend den Verlust des Bürgerrechts (Zust.-G. § 10 sub 1). — cfr. § 97 der Städteordnung.

§ 33.

Das unter Zahlung des Bürgergewinngeldes erworbene Bürgerrecht kann auch im Falle eines Wegzuges aus dem Stadtgebiete durch Zahlung einer jährlichen Abgabe gewahrt werden.

Die Abgabe ist durch das Ortsstatut festzusetzen.

Die während eines dreijährigen Zeitraumes unterlassene Zahlung der Abgabe berechtigt den Magistrat, den Verlust des Bürgerrechts, unter Zuziehung der Bürgervorsteher, wider den Säumigen auszusprechen.

§ 34.

Das Ehrenbürgerrecht kann von dem Magistrate und den Bürgervorstehern als Zeichen der Ehre und Dankbarkeit verliehen werden.

Ehrenbürger haben den Bürgereid nicht zu leisten und sind als solche den Bürgerlasten nicht unterworfen.

3) Einwohnerrecht.

§ 35.

Das Einwohnerrecht wird nach der Gesetzgebung über das Wohnrecht erworben und verloren. (Vergl. § 97 Nr. 10).

§ 36.

Die Einwohner nehmen an allen Rechten Theil, welche nicht durch den Besitz des Bürgerrechts bedingt sind.

§ 37.

Gebühren für Gewinnung des Einwohnerrechts (Einzugsgelder) sind nur da zulässig, wo ein Gemeindevermögen vorhanden ist, welches den Eintretenden durch unmittelbare Nutzung oder durch Verwendung der Aufkünfte zu Gemeindelasten, die sonst durch Beiträge gedeckt werden müssen, zu Gute kommt. Ihr Beitrag ist durch das Ortsstatut zu regeln.

III. Von der Obrigkeit der Stadt.

1) Einrichtung und Wahl des Magistrats.

§ 38.

Der Magistrat ist Verwalter der Gemeindeangelegenheiten und zugleich Organ der Staatsgewalt.

§ 39.

Der Magistrat bildet ein Kollegium und besteht aus einem Bürgermeister, zwei oder mehreren Senatoren und aus etwa durch das Ortsstatut zu bestimmenden sonstigen Mitgliedern.

§ 40.

Ein Theil der Senatoren muß der Klasse der Handel- und Gewerbetreibenden angehören oder angehört haben.

Ausnahmen können durch das Ortsstatut festgestellt werden.

Einer der Senatoren ist als regelmäßiger Stellvertreter des Bürgermeisters zu bezeichnen.

In den Städten, in welchen eins oder mehrere rechtskundige Magistratsmitglieder für die Verwaltung erforderlich sind, wird einem derselben unter dem Titel eines Syndikus diese Vertretung übertragen.

§ 41.

Den Magisträten sind Stadtsecretaire, wo das Bedürfniß es erfordert, beizuordnen.

Außerdem ist in jeder Stadt ein Kämmerer anzustellen. Das Amt desselben ist mit dem eines Magistratsmitgliedes unvereinbar.

Das Ortsstatut hat die Zahl der für die Verwaltung erforderlichen technischen Beamten, sowie der Dienstuntergebenen zu bestimmen.

§ 42.

In Städten, deren Umfang es erforderlich

macht, können Bezirksvorsteher zur Beförderung der örtlichen Verwaltung angeordnet werden.

Die nähere Bestimmung darüber ist im Ortsstatute zu treffen.

Die Vorschriften über die Wahl der Bezirksvorsteher sind mit den Bestimmungen dieses Gesetzes über die Wahl der Bürgervorsteher in Einklang zu bringen.

§ 43.

Der Bürgermeister, der Syndikus und diejenigen Senatoren in den größeren Städten, welche nach dem Ortsstatute rechtskundig sein müssen, werden besoldet.

Das Amt der übrigen Senatoren ist ein Ehrenamt und der damit nach Bestimmung der Ortsstatuten etwa zu verbindende Gehalt nur als Entschädigung anzusehen. Wegen der Verpflichtung zur Annahme dieses Amtes gelten die Bestimmungen des § 31. Jedoch sind diese Senatoren berechtigt, nach sechsjähriger Dienstzeit das Amt niederzulegen und eine Wiederwahl abzulehnen.

§ 44.

Die Mitglieder des Magistrats werden auf Lebenszeit gewählt. Jedoch können dieselben auch wider ihren Willen nach Ablauf von je 12 Jahren nach der Wahl auf Antrag des Magistrats und der Bürgervorsteher vom Ministerium des Innern in den Ruhestand versetzt werden.

Dieser Antrag erfordert, wenn er sich auf ein besoldetes Magistratsmitglied bezieht, den übereinstimmenden Beschluß des Magistrats und der Bürgervorsteher; wogegen hinsichtlich der unbesoldeten Magistratsmitglieder bei etwa eintretender Meinungsverschiedenheit beider Kollegien das im § 107 bezeichnete Verfahren Anwendung findet.

Das Maß des den besoldeten Magistratsmitgliedern in solchem Falle zu bewilligenden Ruhegehalts ist nach Maßgabe des § 64 zu bestimmen.

§ 45.

Die Stadtsecretaire und der Kämmerer werden auf Lebenszeit ernannt und besoldet. Ausnahmen können in dem Ortsstatute für kleinere Städte zugelassen werden.

Das Dienstverhältniß der technischen Beamten (§ 41) ist durch das Ortsstatut zu regeln.

Die sonstigen Dienstuntergebenen sind auf Lebenszeit, jedoch unter Vorbehalt der Dienstkündigung, anzustellen.

Das Nähere ist im Ortsstatute zu bestimmen.

§ 46.

Die Magistratsmitglieder, die Secretaire und der Kämmerer sind verpflichtet, in der Stadt zu wohnen, sofern nicht Magistrat und Bürgervorsteher eine Ausnahme gestatten.

§ 47.

Das Diensteinkommen der besoldeten Mitglieder und der Dienstuntergebenen des Magistrats ist durch das Ortsstatut zu bestimmen.

§ 48.

Die Gehalte der besoldeten Magistratsmitglieder, der Secretaire und des Kämmerers dürfen nur in bestimmten Geldbeträgen bestehen; die Verleihung einer Dienstwohnung ist dadurch nicht ausgeschlossen.

Alle Gebühren und Naturalbezüge, mit Ausnahme der Vergütung für Geschäftsaufträge, welche einzelnen Magistratsmitgliedern von der höheren Behörde ertheilt werden, fließen in die Stadtkasse.

Die Untergebenen des Magistrats dürfen Gebühren neben oder statt fester Besoldung beziehen.

Die Befugnisse, welche das Gesetz über die Verhältnisse der Königlichen Diener in Beziehung auf Beschlagnahme der Dienstgehalte u. s. w. der Anstellungsbehörde beigelegt werden, sind hinsichtlich der Mitglieder des Magistrats von dem Regierungspräsidenten (Zust.-G. § 7), hinsichtlich der übrigen städtischen Angestellten vom Magistrate auszuüben.

Die Bürgervorsteher sind von solchen Verfügungen in Kenntniß zu setzen.

§ 49.

Ausgeschlossen von der Wahl zum Magistratsmitgliede sind diejenigen, welche

noch nicht 25 Jahr alt sind, in väterlicher Gewalt, unter Curatel,

oder

in Kost und Lohn eines Anderen stehen,

in Concurs befangen sind, öffentliche Armenunterstützung erhalten, oder im letzten Jahre erhalten haben, bis diese erstattet ist,

zu einer schweren Strafe (Art. 8 des Criminalgesetzbuchs) verurtheilt, oder nach sonstigen gesetzlichen Bestimmungen zu öffentlichen Aemtern unfähig sind,

oder endlich wegen eines nach der öffentlichen Meinung entehrenden Verbrechens oder Vergehens bestraft worden, oder in Untersuchung gewesen sind, ohne außer Verfolgung gesetzt, oder völlig frei gesprochen zu sein.

§ 50.

Der Eintritt in den Magistrat wird durch Verwandtschaft oder Verschwägerung in den beiden ersten Graden nach civilrechtlicher Berechnung gehindert.

Dasselbe gilt hinsichtlich des Kämmerers.

Sind dergleichen Verwandte oder Verschwägerte zugleich gewählt, so ist derjenige allein zuzulassen, welcher die meisten Stimmen hat. Bei gleicher Stimmenzahl entscheidet das Loos. Eine nach Uebernahme der Stelle eingetretene Verschwägerung schließt jedoch nicht aus.

§ 51.

Die Wiederbesetzung der Stellen im Magistrate, sowie derjenigen des Stadtsecretairs und des Kämmerers geschieht durch Wahl. Ein Aufrücken aus einer Stelle in eine höhere findet nicht statt.

§ 52.

Die Dienstuntergebenen werden vom Magistrate angesetzt.

Derselbe hat jedoch zuvor die Bürgervorsteher über deren Würdigkeit zu hören.

Ueber die Gültigkeit von Wahlen solcher Beamten beschließt der Bezirksausschuß (Zust.-G. § 14).

§ 53.

Die Magistratsmitglieder werden von den vorhandenen Magistratspersonen und einer gleichen Anzahl Bürgervorsteher in vereinigter Versammlung durch absolute Stimmenmehrheit erwählt. Die zur Theilnahme an der Wahl zu berufenden Bürgervorsteher sind durch das Bürgervorsteher-

Kollegium zu erwählen. Wenn jedoch hiernach das Wahlkollegium aus vier oder weniger Mitgliedern bestehen sollte, so ist dasselbe durch den Magistrat, bezw. durch die Bürgervorsteher zu gleichen Theilen aus den Bürgervorstehern auf die Zahl von sechs zu ergänzen.

Durch das Ortsstatut kann jedoch bestimmt werden, daß die Wahl von dem Magistrate und sämmtlichen Bürgervorstehern in getrennter Versammlung geschehen soll. Erfolgt in diesem Falle eine Uebereinstimmung der Beschlüsse beider Kollegien nicht, und wird selbige auch bei wiederholter Abstimmung nicht erreicht, so sind beide Gewählte dem Regierungspräsidenten (Zust.-G. § 13) zu präsentiren.

Ein Mitglied des Magistrats leitet das Wahlgeschäft, wozu ihm zwei Gehülfen durch Wahl der Versammlung beigegeben werden.

Die Stimmabgabe kann durch mündliche Abstimmung zu Protocoll, oder durch verschlossene Stimmzettel, nach der Entschließung jedes Wählenden, geschehen.

Ergiebt sich nicht sogleich eine absolute Mehrheit, so ist die Wahl in der Art zu wiederholen, daß nur die bei der vorhergehenden Abstimmung Benannten ferner wählbar bleiben und von diesen derjenige ausscheidet, auf welchen die geringste Stimmzahl gefallen ist. Sind deren mehrere, so bestimmt das Loos den Ausscheidenden.

Wird auf diese Weise, auch nach Wiederholung der Wahl, eine absolute Mehrheit nicht erreicht, so werden die beiden letzten Gewählten zur Auswahl des Regierungspräsidenten (Zust.=G. § 13) angezeigt.

§ 54.

Zur Stelle eines Magistratsmitgliedes wird immer nur Eine Person gewählt (vergl. jedoch § 53 Abs. 2 und 6) und durch den Magistrat dem Regierungspräsidenten (Zust.=G. § 13) präsentirt.

Die Bestätigung kann nur unter Zustimmung des Bezirksausschusses versagt werden. Lehnt der Bezirksausschuß die Zustimmung ab, so kann dieselbe auf den Antrag des Regierungspräsidenten durch den Minister des Innern ergänzt werden.

Wird die Bestätigung vom Regierungspräsidenten unter Zustimmung des Bezirksausschusses untersagt, so kann dieselbe auf Antrag des Gemeindevorstandes oder der Gemeindevertretung von dem Minister des Innern ertheilt werden (Zust.=G. § 13).

§ 55.

Wird die Bestätigung verweigert, so ist eine neue Wahl vorzunehmen. Ist in demselben Falle zweimal die Bestätigung der gewählten Person versagt, oder wird die Wahl geweigert, so hat der Regierungspräsident (Zust.-G. § 7) für provisorische Versehung des Dienstes bis dahin, daß die Stadt eine geeignete Wahl wird getroffen haben, auf Kosten der Stadt zu sorgen.

§ 56.

Die Wahl des Stadtsecretairs, des Kämmerers, sowie der technischen Beamten geschieht nach den Vorschriften des § 53. Nicht wählbar sind Personen, welchen die im § 49 genannten Ausschließungsgründe — mit Ausnahme des Alters unter 25 Jahren und väterlicher Gewalt — entgegenstehen. Einer höheren Bestätigung bedarf es bei diesen Wahlen nur insofern, als diesen Beamten ein Stimmrecht im Magistrate beigelegt wird (§ 39) oder als es die Oberaufsicht auf die Gemeindeforsten mit sich bringt (§ 119).

§ 57.

Die besoldeten stimmführenden Mitglieder des Magistrats, die Stadtsecretaire, sowie der Kämmerer dürfen ohne Genehmigung des Magistrats und der Bürgervorsteher weder einen andern Erwerbszweig, oder ein Nebengeschäft betreiben, noch andere Staatsdienste neben ihren städtischen Aemtern bekleiden. Inwiefern ein solcher Nebenerwerb den Unterbedienten zu gestatten, bleibt der Bestimmung des Ortsstatuts überlassen.

§ 58.

Die Magistratsmitglieder sind bei der Einführung in ihr Amt dahin zu verpflichten, daß sie das ihnen anvertraute Amt nach den Gesetzen und der Stadtverfassung getreulich versehen, die vermöge des Dienstes zu ihrer Kenntniß gelangenden, Geheimhaltung erfordernden Angelegenheiten Niemanden, als dem es zu wissen gebührt, offenbaren, auch nach Kräften und ohne alle Nebenrücksichten das Wohl der Stadt, sowie auch bei den von ihnen zu besorgenden Regierungsangelegenheiten das Wohl des Staates befördern wollen.

Im Falle der Wiedererwählung eines Magistratsmitgliedes zu dem bis zur Wahl von ihm bekleideten Amte bedarf es nur der Verweisung auf den früher geleisteten Eid.

Die übrigen bei und von dem Magistrate anzustellenden Beamten werden auf die vom Magistrate zu entwerfende Dienstanweisung beeidigt.

§ 59.

Der Bürgermeister darf sich über Nacht nur mit Vorwissen des Stellvertreters und bei einer acht Tage und darüber dauernden Abwesenheit nur unter Zustimmung des Magistrats aus dem Stadtgebiete entfernen.

Den Mitgliedern des Magistrats kann der Bürgermeister auf 14 Tage Urlaub ertheilen;

ein längerer Urlaub erfordert die Bewilligung des Magistrats.

Die Genehmigung der vorgesetzten Dienstbehörde ist erforderlich zu einer acht Tage und darüber dauernden Beurlaubung des Bürgermeisters, des Vorstandes einer städtischen Polizeidirection und desjenigen Magistratsmitgliedes, welches nach Bestimmung der Regierung die städtische Polizei zu besorgen hat (§ 78).

Beurlaubungen der übrigen Magistratsmitglieder auf länger als 4 Wochen sind der vorgesetzten Dienstbehörde anzuzeigen.

§ 60.

In den Fällen, wo nach dem vorstehenden Paragraphen die Genehmigung oder die Benachrichtigung der vorgesetzten Dienstbehörde erforderlich ist, sind derselben zugleich die wegen Versehung des Dienstes während des Urlaubs magistratsseitig getroffenen Anordnungen anzuzeigen.

§ 61.

Die vorgesetzten Behörden haben rücksichtlich der Mitglieder des Magistrats und der Beamten desselben dieselben Befugnisse zur Aufrechterhaltung der Dienstordnung, welche ihnen hinsichtlich der übrigen Königlichen Diener nach dem Gesetze über die Verhältnisse der Königlichen Diener zustehen.

Die Bestimmung im zweiten Absatze des § 49

dieses letztern Gesetzes bezieht sich nicht auf die Vertreter der Städte, insoweit sie in ihrer Eigenschaft als Verwalter der Gemeindeangelegenheiten die verfassungsmäßige Entstehung und Rechtsgültigkeit von Gesetzen und Verordnungen in Vorstellungen oder Beschwerden ihrer Beurtheilung unterziehen und bestreiten.

Der Verlust der gesetzlichen Eigenschaften (s. o. § 49) soll außerdem immer den Austritt aus dem Dienste zur Folge haben, unbeschadet jedoch des im einzelnen Falle gesetzlich begründeten Pensionsanspruchs.

Bezüglich der Dienstvergehen der Bürgermeister, Beigeordneten, Magistratsmitglieder und sonstigen Gemeindebeamten kommen die Bestimmungen des Gesetzes vom 21. Juli 1852 mit folgenden Maßgaben zur Anwendung:

1) gegen die Bürgermeister, Beigeordneten und Magistratsmitglieder, sowie gegen die sonstigen Gemeindebeamten kann an Stelle der Bezirksregierung und innerhalb des derselben bisher zustehenden Ordnungsstrafrechts der Regierungspräsident Ordnungsstrafen festsetzen. Gegen die Strafverfügungen des Regierungspräsidenten findet innerhalb zwei Wochen die Beschwerde an den Ober-

präsidenten, gegen den auf die Beschwerde ergehenden Beschluß des Oberpräsidenten findet innerhalb zwei Wochen die Klage bei dem Oberverwaltungsgerichte statt. In Berlin findet gegen die Strafverfügungen des Oberpräsidenten, in den Hohenzollernschen Landen findet gegen die Strafverfügungen des Regierungspräsidenten innerhalb zwei Wochen die Klage bei dem Oberverwaltungsgerichte statt.

2) Gegen die Strafverfügungen des Bürgermeisters findet innerhalb zwei Wochen die Beschwerde an den Regierungspräsidenten, und gegen den auf die Beschwerde ergehenden Beschluß des Regierungspräsidenten innerhalb zwei Wochen die Klage bei dem Oberverwaltungsgerichte statt.

3) In dem Verfahren auf Entfernung aus dem Amte wird die Einleitung des Verfahrens von dem Regierungspräsidenten, beziehungsweise dem Minister des Innern verfügt und von demselben der Untersuchungs-Commissar ernannt; an die Stelle der Bezirksregierung, beziehungsweise des Disciplinarhofes, tritt als entschei-

dende Disciplinarbehörde erster Instanz der Bezirksausschuß; an die Stelle des Staatsministeriums tritt das Oberverwaltungsgericht; den Vertreter der Staatsanwaltschaft ernennt bei dem Bezirksausschusse der Regierungspräsident, bei dem Oberverwaltungsgerichte der Minister des Innern.

In dem vorstehend, bezüglich der Entfernung aus dem Amte vorgesehenen Verfahren ist entstehenden Falles auch über die Thatsache der Dienstunfähigkeit der Bürgermeister, Beigeordneten, Magistratsmitglieder und sonstigen Gemeindebeamten Entscheidung zu treffen.

§ 62.

Eine Versetzung kann wider die Mitglieder des Magistrats und dessen Beamten nicht verfügt werden.

§ 63.

Bei der Strafe der Suspension bis zu einem Monate soll bei Mitgliedern des Magistrats das Ministerium des Innern an die Stelle der Anstellungsbehörde treten; in Ansehung der übrigen städtischen Angestellten aber der Magistrat als Anstellungsbehörde gelten.

§ 64.

Werden besoldete Mitglieder des Magistrats nach § 44 in Ruhestand versetzt, so erhalten sie, wenn ihre Dienstzeit eine zwölfjährige war, die Hälfte, wenn sie eine vierundzwanzigjährige war, zwei Dritttheile ihrer Diensteinnahme aus der Stadtkasse als Ruhegehalt.

Ueber streitige Pensionsansprüche der besoldeten Gemeindebeamten beschließt, soweit nach den Gemeindeverfassungsgesetzen die Beschlußfassung der Aufsichtsbehörde zusteht, der Bezirksausschuß, und zwar, soweit der Beschluß sich darauf erstreckt, welcher Theil des Diensteinkommens bei Feststellung der Pensionsansprüche als Gehalt anzusehen ist, vorbehaltlich der den Betheiligten gegen einander zustehenden Klage im Verwaltungsstreitverfahren, im Uebrigen vorbehaltlich des ordentlichen Rechtsweges. Der Beschluß ist vorläufig vollstreckbar (Zust.-G. § 20 Abs. 4).

Im Uebrigen kommen hinsichtlich der Pensionirung von besoldeten Magistratsmitgliedern die für Königliche Diener durch das Gesetz über die Verhältnisse der Königlichen Diener festgestellten Bestimmungen in Anwendung.

Das gänzliche oder theilweise Aufhören des Ruhegehalts richtet sich nach denselben Vorschriften.

§ 65.

Die Zuordnung eines Hülfsarbeiters statt der Versetzung in den Ruhestand kann jedoch nur unter Zustimmung der Bürgervorsteher verfügt werden.

§ 66.

Ferner wird die Dienstzeit, in Ermangelung einer entgegenstehenden Vereinbarung, nur von der Zeit angerechnet, wo das Magistratsmitglied in den Dienst der Stadt getreten ist.

§ 67.

Hinsichtlich der auf Lebenszeit angestellten sonstigen Beamten der Stadt, sowie der auf Kündigung angestellten Untergebenen sollen ebenfalls die Bestimmungen des Gesetzes über die Verhältnisse der Königlichen Diener, vorbehaltlich jedoch der Vorschriften in den vorstehenden §§ 65 und 66, anwendbar sein.

§ 68.

Die Vertheilung der Einnahmen des Gnadenquartals (§ 26 des Gesetzes über die Verhältnisse der Königlichen Diener) richtet sich zunächst nach der Bestimmung des Magistrats.

§ 69.

Darüber, ob nach den gesetzlichen Bestimmungen eine Versetzung in Ruhestand eintreten müsse, entscheidet, in Ermangelung eines Einverständnisses zwischen der Stadt und dem Betheiligten, das Ministerium des Innern. Die Pensionirung solcher städtischer Angestellten, welche zum Königlichen Dienste gehörige Geschäfte zu besorgen haben, kann vor dem Könige beim Vorhandensein der gesetzlichen Bedingungen auch ohne den Antrag der Stadt oder des Betheiligten angeordnet werden, sofern nicht der Magistrat auf andere genügende Weise für die Wahrnehmung der Geschäfte sorgt.

Im Uebrigen bedarf es der Königlichen Genehmigung (§ 68 des Gesetzes über die Verhältnisse der Königlichen Diener) nur bei Pensionirung derjenigen städtischen Beamten, deren Wahl die Bestätigung des Regierungspräsidenten (Zust.-G. § 13) erfordert.

§ 70.

Entlassung der Magistratsmitglieder auf deren Ansuchen (§§ 175 und 176 des Landesverfassungsgesetzes, bezw. § 43 dieses Gesetzes) ertheilt der Magistrat nach Anhörung der Bürgervorsteher.

2) Dienstgeschäfte des Magistrats.

§ 71.

Der Magistrat ist in allen städtischen Angelegenheiten die einzige ausführende und verwaltende Behörde.

Er vertritt die Stadt nach Außen, namentlich vor Gericht, sofern hierzu nicht der Syndicus durch das Ortsstatut bestellt wird. Alle Gemeindeurkunden werden von ihm allein ausgefertigt; die künftig auszustellenden Stadtobligationen sind jedoch vom Wortführer des Bürgervorsteherkollegiums mit zu unterschreiben.

Er versieht im Stadtgebiete die Polizei (vergl. jedoch § 78), hat dagegen bei Ausübung der gerichtlichen Polizei, sowie bei der Verwaltung der Geschäfte der Staatsanwaltschaft für die Stadt bei dem zuständigen Untergerichte durch eines seiner Mitglieder Hülfe zu leisten. Ausnahmsweise kann jedoch mit Genehmigung des Regierungspräsidenten (Zust.-G. § 7) auch ein anderer geeigneter städtischer Beamte mit Wahrnehmung dieser Geschäfte beauftragt werden.

Er verwaltet die Landesangelegenheiten in der Stadt.

Er beschließt endlich auf Beschwerden und Einsprüche, betreffend:

1) das Recht zur Mitbenutzung der öffentlichen Gemeindeanstalten, sowie zur Theilnahme an den Nutzungen und Erträgen des Gemeindevermögens,

2) die Heranziehung oder die Veranlassung zu den Gemeindelasten.

Gegen den Beschluß findet die Klage im Verwaltungsstreitverfahren beim Bezirksausschusse binnen zwei Wochen statt.

Der Magistrat kann zur Wahrnehmung seiner Rechte in dem Verwaltungsstreitverfahren einen besonderen Vertreter bestellen (Zust.-G. § 18 und 21).

Gegen die Entscheidung des Bezirksausschusses in den Fällen unter 2 ist nur das Rechtsmittel der Revision zulässig (Zust.-G. § 21).

Der Entscheidung im Verwaltungsstreitverfahren unterliegen desgleichen Streitigkeiten zwischen Betheiligten über ihre in dem öffentlichen Rechte begründete Berechtigung oder Verpflichtung zu den sub 1 und 2 beregten Nutzungen beziehungsweise Lasten.

Einsprüche gegen die Höhe von Gemeindezuschlägen zu den directen Staatssteuern, welche sich gegen den Principalsatz der letzteren richten, sind unzulässig.

Die Beschwerden und die Einsprüche, sowie die Klage haben keine aufschiebende Wirkung (Zust.-G. § 18).

§ 72.

Inwieweit der Magistrat bei der Leitung der städtischen Gemeindeangelegenheiten an die Zustimmung der Bürgervorsteher gebunden ist, bestimmen die Städteordnung und das Ortsstatut. (Vergl. §§ 97 und 98).

Als Organ der Staatsgewalt steht er unabhängig von der Stadtgemeinde nur unter Leitung des vorgesetzten Regierungspräsidenten (Zust.-G. § 7).

Zum Erlasse allgemeiner Ordnungen im Gebiete der Gemeindepolizei bedarf es der Zuziehung der Bürgervorsteher und der Genehmigung des Regierungspräsidenten (Landesverwaltungsgesetz vom 30. Juli 1883 § 144).

Anordnungen, welche lediglich zur Ausführung von Gesetzen dienen und nur Geldbußen innerhalb der im Polizeistrafgesetze dafür bestimmten Grenzen androhen, können vom Magistrate ohne höhere Genehmigung erlassen werden.

Sie sind jedoch dem Regierungspräsidenten und, sofern sie Strafbestimmungen enthalten, auch dem zuständigen Unterrichter mitzutheilen.

Der Magistrat ist befugt, den innerhalb seiner Zuständigkeit von ihm erlassenen Verfügungen durch angemessene Mittel Nachdruck und Ausführung zu geben, namentlich die zu diesem Zwecke nöthigen Strafen anzudrohen und im Falle der Nichtbefolgung zu vollstrecken.

Sind bei Geschäften der Landesverwaltung Gemeindemitglieder zuzuziehen, so werden sie vom Magistrate und Bürgervorstehern nach den Vorschriften des § 53 aus der Bürgerschaft gewählt. Sind Bürgervorsteher zuzuziehen, so haben diese die aus ihrer Mitte zuzuziehenden Mitglieder selbst zu wählen.

§ 73.

Die Beschlüsse im Magistrate werden durch Stimmenmehrheit gefaßt. Bei Stimmengleichheit entscheidet die Stimme des Bürgermeisters.

Der Vorsitzende ist verpflichtet, wenn ein Beschluß des Magistrats dessen Befugnisse überschreitet oder die Gesetze verletzt, entstehenden Falles auf Anweisung des Regierungspräsidenten, den Beschluß mit aufschiebender Wirkung unter Angabe der Gründe zu beanstanden. Gegen die Verfügung des Vorsitzenden steht dem kollegialischen Gemeindevorstande die Klage im Verwaltungsstreitverfahren bei dem Bezirksausschusse binnen zwei Wochen zu. Der Magistrat kann zur Wahrnehmung seiner Rechte im Verwaltungsstreitverfahren einen besonderen Vertreter ernennen (Zust.-G. § 15 und § 11).

§ 74.

Der Bürgermeister hat für die Ausführung der gefaßten Beschlüsse zu sorgen.

Er hat die Leitung aller Verwaltungsgeschäfte und besorgt deren Vertheilung unter die Mitglieder des Magistrats.

Von ihm werden alle Anfertigungen des Magistrats unterzeichnet.

§ 75.

In eiligen keinen Aufschub leidenden Sachen verfügt der Bürgermeister sofort für sich, benachrichtigt aber den Magistrat spätestens in der nächsten Sitzung von der getroffenen Maßregel.

§ 76.

Commissionen zur Vorbereitung oder Ausführung von Beschlüssen werden vom Magistrate angeordnet.

Insofern nach Bestimmung des Magistrats an der Commission Bürgervorsteher Theil nehmen sollen, werden dieselben vom Bürgervorsteher erwählt.

§ 77.

Der Magistrat ist befugt, unter Mitwirkung der Bürgervorsteher für einzelne Geschäftszweige, z. B. Armenpflege, Wegebau, Aufsicht über Gemeindegrundstücke, städtische Anstalten, Gewerbewesen, besondere ihm untergeordnete Ausschüsse zu bilden und denselben durch Statuten eine Verfassung zu ertheilen. Es gelten dabei folgende Regeln:

1) Solche Ausschüsse führen die ihnen obliegenden Geschäfte nur der Stadt und den mit ihnen in Berührung kommenden Einzelnen gegenüber. Bei allen Behörden, außer dem Magistrate, werden sie durch diesen vertreten.
2) Die Mitglieder solcher Ausschüsse können entweder durch den Magistrat und die Bürgervorsteher nach den Vorschriften des § 53 ernannt, oder durch die Bürgerschaft oder die nächst Betheiligten selbst erwählt werden.

   Im letzten Falle steht dem Magistrate und den Bürgervorstehern ein Bestätigungsrecht zu.
3) Der Magistrat ist gehalten, jedesmal ein Mitglied des Kollegiums zu den Versammlungen abzuordnen, welches auf die Beobachtung der Verfassung und Erhaltung der Ordnung zu sehen hat.

   Dasselbe kann die Ausführung von Beschlüssen beanstanden und hat in diesem Falle die Angelegenheit dem Magistrate zu weiterer Anordnung vorzulegen.
4) Wenn eine Rechnung zu führen ist, so wird dieselbe dem Magistrate und den Bürgervorstehern abgelegt und veröffentlicht.

§ 78.

Der Regierungspräsident (Zust.-G. § 7) kann unter den Mitgliedern des Magistrats die Person bestimmen, welche die städtische Polizei besorgen soll. Auch kann sie, wo besondere Umstände solches erforderlich machen, eine eigne Polizeibehörde anordnen. Die dadurch veranlaßten außerordentlichen Kosten trägt die Regierung. Aber auch in diesem Falle soll dem Magistrate die Besorgung dessen verbleiben, was die Gewerbeverhältnisse, die Einrichtung, Verwaltung und Beaufsichtigung der städtischen Güter und Anstalten und der für gemeinsame städtische Zwecke bestimmten Privatanstalten zum Gegenstande hat.

Außerdem kann die Einrichtung einer besonderen städtischen Polizeidirection von der Stadt mit Genehmigung des Regierungspräsidenten (Zust.-G. § 7) angeordnet werden.

Der Bezirk der Polizei kann im Falle des Bedürfnisses durch Anordnung des Provinzialraths im Einverständnisse mit dem Minister des Innern über die Grenzen des Stadtbezirks hinaus erstreckt werden; an den betreffenden, gegenwärtig bestehenden Verhältnissen wird nichts geändert. Auch ist der Minister des Innern befugt, für Ostfriesische Inseln, für das Jadegebiet, sowie für Theile der Kreise Ilfeld, Bleckede, Geestemünde, Osterholz und Grafschaft

Bentheim die örtliche Polizeiverwaltung besonderen Staatsbeamten — Hülfsbeamten des Landraths — zu übertragen.

Die Gemeinde- und Gutsvorsteher des betreffenden Districtes sind in diesem Falle verbunden, den Anweisungen und Aufträgen des Hülfsbeamten, welche derselbe in Gemäßheit seiner gesetzlichen Befugnisse in Dienstangelegenheiten an sie erläßt, nachzukommen und können hierzu von ihm unter Anwendung der den Ortspolizeibehörden nach § 132 des Gesetzes über die allgemeine Landesverwaltung vom 30. Juli 1883 zustehenden Zwangsmittel, mit Ausnahme der Haftstrafe, angehalten werden.

Ein Ordnungsstrafrecht gegen die Gemeinde- und Gutsvorsteher, sowie die Befugniß zum Erlasse ortspolizeilicher Vorschriften (§ 5 der Verordnung vom 20. September 1867, Gesetz-Samml. S. 15, 29) steht dem Hülfsbeamten nicht zu. Auch verbleibt dem Landrathe die Befugniß, in dem Districte des Hülfsbeamten als Ortspolizeibehörde unmittelbar einzuschreiten (Kreisordnung für die Provinz Hannover vom 6. Mai 1884 § 30).

Wenn besondere Polizeibehörden angeordnet worden sind, können von diesen Ordnungen in dem Gebiete ihrer Competenz in der Regel nur nach zuvoriger Verhandlung mit dem Magistrate und den Bürgervorstehern und unter Genehmigung des Regierungspräsidenten (Zust.-G. § 7) erlassen werden.

§ 79.

Die Kosten der Polizeiverwaltung trägt die Stadt, mit Ausnahme derjenigen Ausgaben, welche durch etwaige Uebertragung landespolizeilicher Geschäfte veranlaßt werden, sowie der im § 78 erwähnten außerordentlichen Kosten. Im Falle der Ausdehnung des Polizeibezirks über das Stadtgebiet hinaus ist ein verhältnißmäßiger Beitrag zu den Kosten der Polizeiverwaltung von der Regierung zu leisten.

In den Städten, auf welche die Hannoversche revidirte Städteordnung vom 24. Juni 1885 (Hannoversche Gesetz-Samml. S. 141) Anwendung findet, behält es bei den bestehenden Vorschriften hinsichtlich der Verwaltung der Polizei und der Wahrnehmung der Geschäfte der allgemeinen Landesverwaltung sein Bewenden.

Diese Vorschriften finden jedoch in den Städten Wunstorf, Eldagsen, Neustadt a. R., Münden, Pattensen, Bodenwerder, Mohringen, Burgdorf, Gifhorn a. d. L.,

Lüchow, Dannenberg, Otterndorf, Quakenbrück, Melle und Esens, sowie in den Gemeinden, welche, nachdem dies Gesetz in Kraft getreten sein wird, zur städtischen Verfassung übergehen, fortan mit der Maßgabe Anwendung, daß die Aufsicht über die Polizeiverwaltung und die Wahrnehmung der Geschäfte der allgemeinen Landesverwaltung dem Landrathe zustehen. Zur Mitwirkung bei den letzteren sind die Magisträte gleich den Gemeindevorstehern verpflichtet (Kreisordnung für die Provinz Hannover vom 6. Mai 1884 § 27).

IV. Von der Vertretung der Stadtgemeinde.

1) Wahl der Bürgervorsteher.

§ 80.

Die Bürgervorsteher vertreten die gesammte Stadtgemeinde.

Ihr Amt ist ein Ehrenamt, welches ohne Vergütung versehen wird.

Nur nothwendige baare Auslagen werden den Bürgervorstehern aus der Stadtkasse vergütet.

§ 81.

Die Zahl der Bürgervorsteher wird durch das Ortsstatut festgestellt, darf jedoch nicht unter vier und nicht über vierundzwanzig betragen.

§ 82.

Behufs der Wahlen der Bürgervorsteher wird die Stadt in eine angemessene Zahl von Bezirken getheilt.

Es bleibt den Ortsstatuten überlassen, Ausnahmen davon festzustellen.

§ 83.

Jeder stimmfähige Bürger ist zur Theilnahme an den Wahlen verpflichtet. Stimmfähig ist jeder Bürger, welcher in der Stadt oder deren Gebiete seinen Wohnsitz hat und daselbst entweder als Hauseigenthümer Häusersteuer, oder nach Maßgabe der jetzt bestehenden Gesetzgebung an sonstigen directen Landessteuern mindestens 2 Thlr. 16 Sgr. jährlich zahlt.

Es ist jedoch zulässig, abweichende Bestimmungen hinsichtlich der Regelung des Stimmrechts durch das Ortsstatut zu treffen.

Ausgeschlossen sind Frauenzimmer und diejenigen, welche

noch nicht 25 Jahre alt sind,
in väterlicher Gewalt,
unter Curatel

oder

in Kost und Lohn eines Anderen stehen,

in Concurs befangen sind,

öffentliche Armenunterstützung erhalten oder im letzten Jahre erhalten haben, bis diese erstattet ist,

zu einer schweren Strafe (Art. 8 des Criminalgesetzbuchs) verurtheilt,

oder endlich wegen eines nach der öffentlichen Meinung entehrenden Verbrechens oder Vergehens bestraft worden, oder in Untersuchung gewesen sind, ohne außer Verfolgung gesetzt oder völlig freigesprochen zu sein. Zweifel über die entehrende Beschaffenheit eines Vergehens oder Verbrechens haben Magistrat und Bürgervorsteher zu entscheiden.

§ 84.

Personen, welche nicht unter die Bestimmungen des § 83 fallen, aber sich durch unsittliche Handlungen der öffentlichen Achtung verlustig gemacht haben, oder wegen eines peinlichen Vergehens in Untersuchung gewesen sind, ohne außer Verfolgung gesetzt oder völlig freigesprochen zu sein, kann durch einen vom Magistrate und Bürgervorstehern gefaßten Beschluß das Stimmrecht entzogen werden.

Das durch solchen Beschluß entzogene Stimmrecht kann auf dieselbe Weise zurückgegeben werden.

§ 85.

Nur stimmfähige Bürger sind zu Bürgervorstehern wählbar.

Das Amt eines Bürgervorstehers ist jedoch mit demjenigen eines Dienstuntergebenen des Magistrats nicht vereinbar.

Es ist nicht erforderlich, daß der Bürgervorsteher in dem Bezirke wohne, in welchem er erwählt wird.

Ob ein Theil und welcher Theil der Bürgervorsteher aus der Mitte der hausbesitzenden, bezw. der nicht hausbesitzenden Bürger zu erwählen sei, bleibt der Bestimmung der Ortsstatuten überlassen.

§ 86.

Der Verlust der Stimmfähigkeit hat den Verlust des Amts zur Folge. Auch hat ein Bürgervorsteher, welcher wegen eines nach § 83 die Stimmfähigkeit entziehenden Verbrechens in Untersuchung geräth, sich während der Dauer derselben der Ausübung seines Amts zu enthalten.

§ 87.

Die Bürgervorsteher werden auf sechs Jahre, oder wo die Zahl derselben nicht durch drei theilbar ist, auf vier Jahre gewählt.

Alle zwei Jahre tritt ein Drittel, oder wo die Dienstzeit eine vierjährige ist, alljährlich ein Viertel derselben aus, und zwar so lange nach dem Loose, bis der Austritt nach dem Dienstalter erfolgen kann.

Die Zeit der Wahl und des Dienstaustritts wird durch das Ortsstatut geregelt.

Die Gewählten werden vom Magistrate auf treue Erfüllung ihrer Pflichten beeidigt.

Darnach werden die Namen derselben öffentlich bekannt gemacht.

§ 88.

Bei eintretenden Erledigungsfällen ist für die Stelle des ausgefallenen Bürgervorstehers eine Ergänzungswahl vorzunehmen. Die Ersatzmänner bleiben nur für die Zeit im Amte, für welche die Ausgeschiedenen gewählt worden.

Bei Bezirksabtheilungen (§ 82) sind die Ersatzmänner durch den Bezirk zu wählen, durch welchen der Ausgeschiedene gewählt worden.

In den Städten, in welchen Bezirksvorsteher bestehen, ist der dem Dienstalter nach älteste Vorsteher des Bezirks, von welchem der ausgeschiedene Bürgervorsteher gewählt war, dessen Stellvertreter. Bei gleichem Dienstalter der Bezirksvorsteher entscheidet das Loos.

§ 89.

Die ausgetretenen Bürgervorsteher können wieder gewählt werden, sind jedoch nur dann verpflichtet, der Wahl zu folgen, wenn seit ihrem

Austritte 6, beziehungsweise 4 Jahre verflossen sind. Bürger, welche 12 Jahre nach einander das Amt eines Bürgervorstehers bekleidet haben, sind dadurch von der Verpflichtung zur Annahme einer ferneren Wahl befreit.

§ 90.

Die Wahl erfolgt unter Leitung eines Magistratsmitgliedes, welches jedoch zwei Bürgervorsteher oder sonstige stimmfähige Bürger als Gehülfen zuzuziehen hat.

Der Wahltermin wird öffentlich bekannt gemacht.

Ob eine besondere Ladung erforderlich ist, bestimmt das Ortsstatut.

§ 91.

Acht Tage lang vor dem Termine ist die Liste der stimmfähigen Bürger in der Gemeinde offen zu legen.

Einsprüche gegen die Richtigkeit der Wählerliste sind während der Dauer der Auslegung der letzteren bei dem Gemeindevorstande (Magistrat) zu erheben (Zust.-G. § 10, Abs. 2).

Die Gemeindevertretung (Bürgervorsteher-Kollegium) beschließt über Beschwerden und Einsprüche, betreffend die Richtigkeit der Gemeindewählerliste (Zust.-G. § 10 sub 1).

Der Beschluß der Gemeindevertretung bedarf keiner Genehmigung oder Bestätigung von Seiten des Gemeindevorstandes oder der Aufsichtsbehörde. Gegen den Beschluß der Gemeindevertretung findet die Klage im Verwaltungsstreitverfahren statt. Die Klage steht auch dem Gemeindevorstande zu (Zust.-G. § 11 Abs. 2).

Die Klage hat keine aufschiebende Wirkung (Zust.-G. § 11 Abs. 2).

§ 92.

Nur die in der Wahlliste eingetragenen Wähler haben Zutritt zum Wahltermine. Zur Gültigkeit der Wahl ist die Abgabe von wenigstens $^1/_3$ der nach den Listen vorhandenen Stimmen erforderlich. Wird diese Zahl nicht erreicht, so ruht die durch die Wahl bezweckte Vertretung für den betreffenden Bezirk auf ein Jahr.

Bei der Ladung ist auf diese Bestimmung hinzuweisen. Nach Ablauf dieser Frist ist die Wahl zu wiederholen. Der Bezirksausschuß (Zust.-G. § 12) kann jedoch auf Antrag des Magistrats eine frühere Wiederholung der Wahl gestatten.

Die Stimmabgabe kann durch mündliche Abstimmung zu Protocoll, oder durch verschlossene Stimmzettel, nach der Entschließung jedes Wählenden, geschehen.

Der Gewählte muß wenigstens ein Dritttheil der abgegebenen Stimmen in sich vereinigen.

§ 93.

Ergiebt sich nicht sogleich eine Mehrheit von einem Dritttheil der Stimmen, so ist mit Wiederholung der Wahl in der Art zu verfahren, wie hinsichtlich der Magistratsmitglieder im § 53 vorgeschrieben ist. Jedoch entscheidet bei Stimmengleichheit das Loos.

§ 94.

Das Wahlprotocoll ist dem Magistrate vorzulegen.

Gegen die Gültigkeit der Wahlen zur Gemeindevertretung können innerhalb zwei Wochen nach Bekanntmachung des Wahlergebnisses bei dem Magistrate von jedem stimmfähigen Bürger Einsprüche erhoben werden (Zust.-G. § 10).

Die Bürgervorsteher beschließen über die Gültigkeit der Wahlen zur Gemeindevertretung (Zust.-G. § 10). Der Beschluß bedarf keiner Genehmigung oder Bestätigung von Seiten des Magistrats oder der Aufsichtsbehörde. Gegen den Beschluß der Bürgervorsteher findet die Klage binnen zwei Wochen im Verwaltungsstreitverfahren statt (Zust.-G. § 11 und 21). Die

Klage steht auch dem Magistrate zu. Sie hat keine aufschiebende Wirkung; jedoch dürfen Ersatzwahlen vor ergangener rechtskräftiger Entscheidung nicht vorgenommen werden (Zust.-G. § 11). Der Magistrat sowie das Bürgervorsteherkollegium können zur Wahrnehmung ihrer Rechte im Verwaltungsstreitverfahren einen besonderen Vertreter bestellen (Zust.-G. § 21).

2) Zuständigkeit der Bürgervorsteher.

§ 95.

Das Bürgervorsteher-Kollegium steht nur im Geschäftsverkehre zum Magistrate, ist jedoch befugt, Beschwerden über den Magistrat oder einzelne Magistratsmitglieder in Angelegenheiten der Gemeindeverwaltung selbstständig bei den vorgesetzten Behörden zu verfolgen.

§ 96.

Es hat dem Magistrate gegenüber die Stadtgemeinde in allen Angelegenheiten des Gemeinwesens zu vertreten, verbindende Erklärungen in diesen Angelegenheiten abzugeben, die zu den Bedürfnissen der Stadt erforderlichen Geldzuschüsse, Leistungen und Lasten zu bewilligen und bei der Vertheilung derselben mitzuwirken. Auch ist die Verwaltung des städtischen Vermögens und die

Rechnungsablage über dieselbe durch das Bürgervorsteher-Kollegium zu überwachen.

Die Bürgervorsteher handeln jeder nach eigener pflichtmäßiger Ueberzeugung. Sie sind an Anweisungen oder Vollmachten nicht gebunden.

§ 97.

Die Bürgervorsteher sind vom Magistrate namentlich zuzuziehen:

1) bei Abänderung alter oder Einführung neuer Einrichtungen, welche auf die Verfassung der Stadt, deren Vermögen oder auf die Gerechtsame der Bürgerschaft Einfluß haben und bei Abfassung statutarischer Bestimmungen, insbesondere auch bei allen städtischen Polizeiordnungen (vergl. § 72 Abs. 3);
2) bei der Erwerbung, Veräußerung oder Belastung von Grundstücken oder Gerechtigkeiten der Stadt;
3) bei Geldanleihen für die Stadt, wodurch die Schulden vermehrt werden, sowie bei Feststellung von Schuldentilgungsplänen;
4) bei Anstellung von Prozessen und Abschließung von Vergleichen über Gerechtsame der Stadt oder über das Gemeindevermögen, sowie bei Verzichtleistung auf Forderungen und sonstige Rechte der Stadt;
5) bei Feststellung des Haushaltsplanes (§ 118),

sowie der Prüfung und Abnahme der städtischen Rechnungen (§ 123);

6) bei Prüfung und Regelung der Sicherheitsbestellung des Rechnungsführers der städtischen Kassen;

7) bei Feststellung von Grundsätzen für die Verwaltung des städtischen Vermögens, sowie bei wichtigen Verwaltungshandlungen, welche etwa durch das Ortsstatut ihrer Mitwirkung zugewiesen werden;

8) bei Geldbewilligungen, welche den Haushaltsplan übersteigen, vorbehaltlich jedoch einer näheren Bestimmung des Ortsstatuts über den für eine jede Stadt dem Magistrate zu verwilligenden Reservecredit;

9) bei der Veranlagung und Vertheilung der Gemeindelasten, bei Feststellung, Prüfung und Berichtigung der Rollen darüber, bei Beschlüssen über Beschwerden wegen solcher Lasten, sowie über Herabsetzung, Erlaß oder Niederschlagung derselben;

10) bei Entscheidung über Verleihung und Versagung des Bürgerrechts und Einwohnerrechts.

Die Bürgervorsteher beschließen:

1) Auf Beschwerden und Einsprüche, betreffend den Besitz oder den Verlust des Bürgerrechts, insbesondere des Rechts zur Theilnahme an den Wahlen

zur Gemeindevertretung, sowie des Rechts zur Bekleidung einer den Besitz des Bürgerrechts voraussetzenden Stelle in der Gemeindeverwaltung oder Gemeindevertretung, die Verpflichtung zum Erwerbe oder zur Verleihung des Bürgerrechts, beziehungsweise zur Zahlung von Bürgergewinngeldern (Ausfertigungsgebühren) und zur Leistung des Bürgereides, die Zugehörigkeit zu einer bestimmten Bürgerklasse, die Richtigkeit der Gemeindewählerliste;

2) über die Gültigkeit der Wahlen zum Bürgervorsteher;

3) über die Berechtigung zur Ablehnung oder Niederlegung von Aemtern und Stellen im Magistrat, über die Nachtheile, welche gegen Mitglieder der Stadtgemeinde wegen Nichterfüllung der ihnen nach den Gemeindeverfassungsgesetzen obliegenden Pflichten, sowie über die Strafen, welche gegen Mitglieder der Gemeindevertretung wegen Zuwiderhandlungen gegen die Geschäftsordnung nach Maßgabe der Gemeindeverfassungsgesetze zu verhängen sind (Zust.-G. § 10).

Der Beschluß der Bürgervorsteher

bedarf keiner Genehmigung von Seiten des Gemeindevorstandes oder der Aufsichtsbehörde. Gegen den Beschluß der Bürgervorsteher findet die Klage im Verwaltungsstreitverfahren beim Bezirksausschusse binnen zwei Wochen statt. Die Klage steht in den vorberegten Fällen auch dem Gemeindevorstande zu. Das Bürgervorsteher-Kollegium, beziehungsweise der Magistrat können zur Wahrnehmung ihrer Rechte im Verwaltungsstreitverfahren einen besonderen Vertreter bestellen.

Die Klage hat in den Fällen unter 1 und 2 keine aufschiebende Wirkung; jedoch dürfen Ersatzwahlen vor ergangener rechtskräftiger Entscheidung nicht vorgenommen werden (Zust.-G. § 11 und 21).

§ 98.

Wenn der Magistrat irgend einen anderen Gegenstand der Gemeindeverwaltung, worüber ihm die Entscheidung zusteht, dem Bürgervorsteher-Kollegium zur Berathung vorlegt, so wird dadurch für den besonderen Fall die Zuständigkeit des Bürgervorsteher-Kollegiums in demselben Umfange begründet, wie für die im vorstehenden Paragraphen erwähnten Angelegenheiten.

§ 99.

Die zu Geschäften der Landesverwaltung nach

gesetzlichen Bestimmungen zuzuziehenden Bürgervorsteher (§ 72) üben nur diejenige Thätigkeit, welche den Ortsvorstehern oder einzelnen angesehenen Gemeindegliedern im Gegensatze der Obrigkeiten übertragen ist.

3) Geschäftsführung der Bürgervorsteher.

§ 100.

Die Bürgervorsteher erwählen beim Antritt neuer Bürgervorsteher (§ 87) durch absolute Stimmenmehrheit aus ihrer Mitte einen Vorsitzenden (Wortführer), einen Schriftführer und einen Stellvertreter für jeden derselben. Beim Antritt neuer Bürgervorsteher in Folge von Ergänzungswahlen findet diese Bestimmung keine Anwendung.

Dieselben Personen können wieder gewählt werden.

Die Namen der Gewählten werden dem Magistrate angezeigt und von diesem bekannt gemacht.

§ 101.

Die Bürgervorsteher versammeln sich auf Einladung des Magistrats oder aus eigenem Antriebe.

Auch steht denselben zu, diejenigen Angelegenheiten, bei denen sie vom Magistrate zugezogen werden, in Versammlungen unter sich vorläufig zu berathen.

Der Magistrat ist befugt und auf den Antrag der Bürgervorsteher verpflichtet, durch Abordnung eines oder einiger Mitglieder in der Versammlung eine Erläuterung seiner Vorschläge zu geben. Die Bürgervorsteher bleiben jedoch befugt, die Berathung, nach erfolgter Erläuterung der Vorschläge, in Abwesenheit der Magistratsmitglieder fortzusetzen.

§ 102.

Gültige Beschlüsse können von den Bürgervorstehern nur dann gefaßt werden, wenn dieselben sämmtlich eingeladen und mehr als die Hälfte anwesend sind.

Eine geringere Anzahl genügt ausnahmsweise zur Beschlußnahme, wenn die Bürgervorsteher nach einmaliger erfolglos gebliebener Berufung durch den Magistrat zum zweiten Male zur Verhandlung über denselben Gegenstand zusammengerufen, dennoch nicht in genügender Zahl erschienen sind. Bleiben in solchem Falle alle aus, so ist das Bürgervorsteher-Kollegium für dies Mal des Rechts der Mitwirkung in der betreffenden Angelegenheit verlustig.

Bei der zweiten Zusammenberufung muß auf diese Bestimmung hingewiesen werden.

Beschlüsse der Bürgervorsteher, welche

deren Befugnisse überschreiten oder die Gesetze verletzen, hat der Magistrat, entstehenden Falles auf Anweisung der Aufsichtsbehörde, mit aufschiebender Wirkung unter Angabe der Gründe zu beanstanden. Gegen die Verfügung des Magistrats steht dem Bürgervorsteher-Kollegium die Klage im Verwaltungsstreitverfahren zu. (Zust.-G. § 15).

Die Klage ist binnen zwei Wochen direct bei dem Bezirksausschusse anzubringen. Der Magistrat und das Bürgervorsteher-Kollegium können zur Wahrnehmung ihrer Rechte im Verwaltungsstreitverfahren einen besonderen Vertreter bestellen (Zust.-G. § 21).

§ 103.

Das Bürgervorsteherkollegium beschließt über die Strafen, welche gegen Mitglieder derselben wegen Zuwiderhandlungen gegen die Geschäftsordnung nach Maßgabe der Gemeindeverfassungsgesetze zu verhängen sind (Zust.-G. § 10).

Der Beschluß des Bürgervorsteherkollegiums bedarf keiner Genehmigung oder Bestätigung von Seiten des Magistrats oder der Aufsichtsbehörde. Gegen den Beschluß des Bürgervorsteherkollegiums findet die Klage im Verwaltungsstreitverfahren beim Bezirksausschusse binnen zwei Wochen statt. Die Klage steht auch dem Magistrate zu. Das Bürgerkollegium, beziehungsweise der Magistrat können zur Wahrnehmung ihrer Rechte im Verwaltungsstreitverfahren einen besonderen Vertreter bestellen (Zust.-G. § 11 und 21).

Kein Bürgervorsteher darf bei Vermeidung einer Geldbuße ohne vorhergegangene Entschuldigung in einer angesetzten Versammlung ausbleiben.

Wer bei einer Angelegenheit ein Privatinteresse hat, darf der Verhandlung darüber nicht beiwohnen.

§ 104.

Versammlungen der Bürgervorsteher auf Anlaß des Magistrats finden entweder an allgemein dazu festgesetzten Tagen oder in Folge besonderer Ladung statt. Letztere erfolgt durch Mittheilung an den Wortführer, welche außer in eiligen Fällen zeitig vor dem Tage der Versammlung geschehen, und die Gegenstände der Berathung angeben muß.

Bei der im § 102 erwähnten zweiten Berufung sind die Bürgervorsteher einzeln durch den Magistrat zu laden.

§ 105.

Versammlungen der Bürgervorsteher aus

eigenem Anlaß sind von dem Wortführer zu berufen, so oft derselbe solche nothwendig erachtet, oder mindestens drei Bürgervorsteher darauf antragen.

Die Berufung erfolgt durch ein Umlaufschreiben.

Es ist davon vorgängig dem Bürgermeister unter Mittheilung der Gegenstände der Berathung Anzeige zu machen, und zwar, mit Ausnahme eiliger Fälle, zeitig vor dem Tage der Berathung.

§ 106.

In den Versammlungen des Magistrats und der Bürgervorsteher leitet das vorsitzende Mitglied des Magistrats die Verhandlungen und ist magistratsseitig das Procoll zu führen.

In den Versammlungen der Bürgervorsteher liegt die Leitung dem Wortführer und die Protocollführung dem Schriftführer ob.

§ 107.

Die Berathung in den Versammlungen des Magistrats und der Bürgervorsteher erfolgt gemeinschaftlich.

Jedoch kann vor der Abstimmung auf Anordnung des Vorsitzenden, oder auf Antrag des Wortführers, oder auf einen von zwei anderen Bürgervorstehern unterstützten Antrag eines Bürgervorstehers eine abgesonderte Berathung des Magistrats und der Bürgervorsteher eintreten.

Die Abstimmung ist eine abgesonderte. Zunächst erfolgt die Abstimmung der Bürgervorsteher und sodann die des Magistrats.

Bei Gleichheit der Stimmen unter den Bürgervorstehern entscheidet die Stimme des Wortführers.

Ist der Beschluß des Magistrats abweichend von dem der Bürgervorsteher und eine Einigung auch durch eine weitere, jedoch nicht an demselben Tage vorzunehmende Verhandlung nicht zu erreichen, so beschließt der Bezirksausschuß über die zwischen dem Magistrat und dem Bürgervorsteher-Kollegium entstandenen Meinungsverschiedenheiten, wenn von einem Theile auf Entscheidung angetragen wird und zugleich die Angelegenheit nicht auf sich beruhen bleiben kann (Zust.-G. § 17 sub 1).

Vor Einholung der Entscheidung des Bezirksausschusses (Zust.-G. § 17 sub 1) kann sowohl von dem Magistrate, als von dem Bürgervorsteher-Kollegium zur Herbeiführung einer Verständigung die Einsetzung einer gemeinschaftlichen Kommission verlangt werden.

§ 108.

Anträge der Bürgervorsteher geschehen durch Ueberreichung der über die Beschlüsse aufgenommenen Protocolle, oder durch Erklärung zum Magistratsprotocolle.

Pflichtet der Magistrat ihnen bei, so bedarf es weiterer Berathung nicht. Entgegengesetzten Falls ist nach den vorstehenden Bestimmungen zu verfahren.

§ 109.

Zu den Versammlungen
des Magistrats und der Bürgervorsteher,
sowie
der Bürgervorsteher unter sich
können Zuhörer zugelassen werden.

Die Zuhörer sind den Anordnungen des Vorsitzenden zur Erhaltung der Ruhe und Ordnung unterworfen.

Wird hiergegen gefehlt und die verletzte Ordnung auf Erinnerung des Vorsitzenden nicht unverzüglich hergestellt, so ist derselbe verpflichtet, die Entfernung der Zuhörer zu verfügen und bis dahin, daß dies geschehen, die Sitzung zu schließen.

§ 110.

Die Oeffentlichkeit kann vor oder während der Verhandlung auf Antrag eines Mitgliedes ausgeschlossen werden.

Ueber einen solchen Antrag wird nach Entfernung der Zuhörer abgestimmt. Die Oeffentlichkeit bleibt ausgeschlossen, wenn solches von dem Magistrate oder von den Bürgervorstehern beschlossen wird.

Ebenso dürfen zu den vorläufigen Berathungen

der Bürgervorsteher unter sich (§ 101) Zuhörer nicht zugelassen werden, wenn der Gegenstand vom Magistrate als vertraulich bezeichnet ist.

§ 111.

Die Bürgervorsteher sind befugt, Ausschüsse aus ihrer Mitte zur Vorbereitung von Berathungsgegenständen auf Vorschlag des Wortführers oder durch Abstimmung zu ernennen.

§ 112.

Bei feierlichen Gelegenheiten, bei welchen Deputationen der Bürgervorsteher zugezogen werden, ist der Wortführer jederzeit Mitglied derselben.

Die übrigen Mitglieder werden gewählt.

§ 113.

Der Magistrat ist verpflichtet, den Bürgervorstehern auf ihr Ansuchen die Einsicht der Acten und Berichte, deren sie zu ihren Berathungen bedürfen, mit Ausnahme solcher der Geheimhaltung bedürftiger Actenstücke, deren Mittheilung bedenklich erscheint, zu gestatten und sonstige Auskunft über die Berathungsgegenstände zu ertheilen.

Dagegen sind die Bürgervorsteher nicht befugt, ohne Vorwissen des Magistrats einzelne Angestellte der Stadt zu vernehmen.

V. Von der städtischen Vermögensverwaltung.

1) Vermögen der Stadt.

§ 114.

Die Einkünfte des Stadtvermögens (Kämmereivermögens) sind zur Bestreitung der städtischen Ausgaben bestimmt. Reichen sie hierzu nicht aus, so sind die Gemeindemitglieder zur Zahlung von Abgaben verpflichtet.

§ 115.

Ueber das Stadtvermögen hat der Magistrat ein Lagerbuch zu führen und dieses dem Bürgervorsteher-Kollegium offen zu legen.

§ 116.

Die in Beziehung auf die Verwaltung des Vermögens für einzelne Städte erlassenen Ordnungen bleiben in Kraft.

Neue Verwaltungsordnungen, sowie Abänderungen der bestehenden bedürfen höherer Bestätigung nur insoweit, als solches nach § 119 erforderlich ist.

§ 117.

Die Verwaltung muß auf die Erhaltung, haushälterische Benutzung und Verbesserung des städtischen Vermögens, sowie auf die bestimmungsmäßige nützliche Verwendung der Einkünfte gerichtet sein.

Die Abtragung der Schulden muß nach einem regelmäßigen Plane erfolgen.

§ 118.

Im letzten Viertel eines jeden Rechnungsjahres entwirft der Magistrat einen Haushaltsplan für das nächste Jahr. Derselbe ist nach vorgängiger Berathung mit den Bürgervorstehern dem Regierungspräsidenten (Zust.-G. § 7) einzusenden, damit dieser sein Oberaufsichtsrecht geltend machen kann. Später beschlossene Abweichungen von demselben sind zu gleichem Zwecke dem Regierungspräsidenten (Zust.-G. § 7) anzuzeigen. Eine Feststellung des Stadtetats durch die Aufsichtsbehörde findet jedoch nicht statt (Zust.-G. § 19 Abs. 3).

Der vom Magistrate und Bürgervorstehern nach Erledigung der von dem Regierungspräsidenten (Zust.-G. § 7) gemachten Bemerkungen genehmigte Haushaltsplan ist Vorschrift für die Verwaltung.

Unterläßt oder verweigert eine Stadtgemeinde, die ihr gesetzlich obliegenden, von der Behörde innerhalb der Grenzen ihrer Zuständigkeit festgestellten Leistungen auf den Haushaltsetat zu bringen oder außerordentlich zu genehmigen, so verfügt der Regierungspräsident unter Aufführung der Gründe die Eintragung in den Etat, beziehungweise die Feststellung der außerordentlichen Ausgabe.

Gegen die Verfügung des Regierungspräsidenten steht der Gemeinde die Klage beim Oberverwaltungsgerichte zu (Zust.-G. § 19).

§ 119.

Die Oberaufsicht darf sich nicht weiter erstrecken, als dahin, daß das Vermögen erhalten, bei Anordnung und Umlegung der Gemeindeabgaben angemessene Grundsätze befolgt und begründete Beschwerden über die Gemeindeverwaltung beseitigt werden.

Die vorgängige Genehmigung des Regierungspräsidenten ist erforderlich.

Zu Gemeindebeschlüssen über die Veräußerung oder wesentliche Veränderung von Sachen, welche einen besonderen wissenschaftlichen, historischen oder Kunstwerth haben, insbesondere von Archiven oder Theilen desselben (Zust.-G. § 16 Abs. 1).

Die vorgängige Genehmigung des Bezirksausschusses (Zust.-G. § 16 Abs. 3) ist erforderlich:

1) bei freiwilligen Veräußerungen von Gerechtigkeiten und Grundstücken;

2) bei Aufnahme von Geldanleihen, wodurch der Schuldenbestand vergrößert wird;
3) bei Einführung neuer oder Veränderung bestehender Gemeindeabgaben;

jedoch bedarf die Genehmigung von Gemeindebeschlüssen, durch welche besondere directe oder indirecte Gemeindesteuern neu eingeführt oder in ihren Grundsätzen verändert werden, der Zustimmung der Minister des Innern und der Finanzen (Zust.-G. § 16 Abs. 5).

Soweit es sich um die Aufbringung der Gemeindeabgabe und Dienste handelt, steht aus Gründen des öffentlichen Interesses gegen den auf Beschwerde ergehenden Beschluß des Provinzialraths dem Vorsitzenden des letzteren die Einlegung der weiteren Beschwerde an die Minister des Innern und der Finanzen zu. Hierbei finden die Bestimmungen des § 123 des Gesetzes über die allgemeine Landesverwaltung vom 30. Juli 1883 Anwendung (Zust.-G. § 16 Abs. 4).

Hinsichtlich der Verwaltung der Gemeindewaldungen bewendet es bei den bestehenden Bestimmungen (Zust.-G. § 16 Abs. 2).

§ 120.

Die Rechnungs- und Kassenführung über das Stadtvermögen wird unter der Leitung des Magistrats von dem Kämmerer besorgt, welcher angemessene Sicherheit zu leisten hat.

§ 121.

Die Leitung der Rechnungs- und Kassenführung liegt zunächst dem Bürgermeister ob. Außerdem ist der ganze Magistrat zur Aufsicht darüber und zur Haftung für Vernachlässigung verpflichtet.

§ 122.

Die Kassen sind regelmäßig und mindestens einmal jährlich unerwartet zu untersuchen.

Von jeder regelmäßigen Kassenuntersuchung ist dem Bürgervorsteher-Kollegium Kenntniß zu geben, damit es ein Mitglied oder mehrere abordnen kann, um dem Geschäfte beizuwohnen.

Die erforderlichen näheren Vorschriften über die Kassenführung und die Kassenuntersuchungen sind für jede Stadt gleichzeitig neben dem Ortsstatute unter Genehmigung des Ministeriums des Innern zu erlassen.

§ 123.

Die städtische Rechnung ist vom Rechnungsführer innerhalb einer durch das Ortsstatut zu bestimmenden Frist dem Magistrate einzureichen. Der Magistrat prüft die Rechnungen und theilt die dabei aufgestellten Erinnerungen dem Rechnungsführer zur Erledigung mit.

Nach Erledigung der Erinnerungen sind die

sämmtlichen Rechnungen mit den Belegen und den Erinnerungen den Bürgervorstehern zur Prüfung mitzutheilen.

Die dem Rechnungsführer zu ertheilende Bescheinigung über richtig befundene Rechnungsablage erfolgt vom Magistrate, erforderlichen Falls unter den dem Ergebnisse jener Entscheidung entsprechenden Vorbehalten.

§ 124.

Der Magistrat hat binnen 14 Tagen nach Eingang der Rechnung einen dem Haushaltsplane entsprechenden Auszug aus der Rechnung bekannt zu machen und solchen auch der Provinzialregierung einzureichen. Diese kann die Einsicht der vollständigen Rechnung verlangen.

2) Milde Stiftungen.

§ 125.

Das Vermögen der Stiftungen und Anstalten, welche zu frommen und nützlichen Zwecken bestimmt sind, bleibt vom Stadtvermögen gesondert.

Sofern aber daraus bisher zu den Kosten der Stadtverwaltung beigetragen ist, behält es dabei das Bewenden.

§ 126.

Der Magistrat hat die Verwaltung solcher Stiftungen, welche für die gesammte Stadtgemeinde bestimmt sind, soweit nicht für die Stiftung ein Anderes bestimmt ist, oder keine stiftungsmäßigen Verwalter mehr vorhanden sind. Der Magistrat ist aber auch befugt, besondere Ausschüsse dafür zu bestellen.

§ 127.

Wird die Verwaltung vom Magistrate geführt, oder ist ein Ausschuß dafür vom Magistrate bestellt, so sind die Bürgervorsteher zuzuziehen:

1) bei Veränderungen der Grundsätze, nach denen die Stiftungen verwaltet werden;
2) bei allen Veränderungen in der Substanz, als bei neuen Erwerbungen von Grundstücken, sowie bei Veräußerungen und Belastungen derselben;
3) bei Geldanleihen, wodurch der Schuldbestand vergrößert wird.

Außerdem kann durch das Ortsstatut die Zuziehung der Bürgervorsteher auch noch auf andere wichtige Verwaltungshandlungen ausgedehnt werden.

Auch wirken die Bürgervorsteher bei der Abnahme der städtischen Rechnungen.

§ 128.

Die Oberaufsicht des Regierungspräsidenten (Zust.-G. § 7) über die Verwaltung der Stiftungen erstreckt sich auf die Erhaltung des Vermögens, auf die stiftungsmäßige Verwendung der Einkünfte, sowie auf die Entscheidung von Beschwerden über die Verwaltung.

Die vorgängige Genehmigung des Bezirksausschusses (Zust.-G. § 16 Abs. 3) ist erforderlich:

1) bei Erlaß oder Abänderungen von Verwaltungsordnungen für die Stiftungen;
2) bei freiwilligen Veräußerungen von Grundstücken oder Gerechtigkeiten;
3) bei Anleihen, wodurch der Schuldenbestand vergrößert wird;
4) bei Feststellung des Maßes der außer den gewöhnlichen Gemeindeabgaben etwa zu leistenden Beiträge zur Stadtverwaltung (§ 125).

Der Regierungspräsident (Zust.-G. § 7) hat in Beziehung auf die Rechnungsführung dieselben Befugnisse, welche ihm hinsichtlich der städtischen Rechnungen durch dieses Gesetz gegeben sind.

VI. Schlußbestimmungen.

§ 129.

Die Städteordnung vom 1. Mai 1851 ist aufgehoben, mit Ausnahme des § 137 derselben.

§ 130.

Bei dem Uebergange einer mit der Landgemeindeverfassung versehenen Gemeinde zur Städteordnung (vergl. § 4) ist das Ortsstatut vom

Magistrate und den zeitigen Bürgervorstehern unter Zuziehung einer den letzteren gleichkommenden Zahl von Bürgern zu errichten. Diese werden auf dieselbe Weise wie die bisherigen Bürgervorsteher gewählt.

Die hierzu gewählten Bürger berathen und beschließen gemeinschaftlich mit den Bürgervorstehern. Die Abstimmung geschieht nach der im § 107 bestimmten Regel. Ueber die Punkte, wobei keine Einigung erfolgt, entscheidet jedoch das Ministerium des Innern.

In denjenigen dieser Gemeinden, in welchen es an Bürgervorstehern fehlt, ist alsdann von dem Ministerium des Innern die Zahl der zuzuziehenden und nach den Bestimmungen dieses Gesetzes zu wählenden Vertreter zu bestimmen.

§ 131.

Nach Erlaß des Ortsstatuts sind in diesen Gemeinden neue Bürgervorsteher nach Maßgabe dieses Gesetzes und des Ortsstatuts zu wählen.

§ 132.

Das Ministerium des Innern wird mit dem Vollzuge dieses Gesetzes beauftragt.

Inhalts-Verzeichniß.

Rob. Rohde, Berlin, Potsdamerstr. 26b.

Kolibri 360 GmbH
Ferdinand-Jühlke-Straße 7
99095 Erfurt, Deutschland
produktsicherheit@kolibri360.de